WEIHNACHTS GESCHENKE

aus der Küche

PFLAUME
MANGO
Ketchup

WEIHNACHTS GESCHENKE aus der Küche

Sabine Fuchs &
Susanne Heindl

Jan Thorbecke Verlag

VERLAGSGRUPPE PATMOS

PATMOS
ESCHBACH
GRÜNEWALD
THORBECKE
SCHWABEN

Die Verlagsgruppe
mit Sinn für das Leben

FSC
www.fsc.org
MIX
Papier aus verantwortungsvollen Quellen
FSC® C028513

Für die Schwabenverlag AG ist Nachhaltigkeit ein wichtiger Maßstab ihres Handelns. Wir achten daher auf den Einsatz umweltschonender Ressourcen und Materialien.

www.thorbecke.de

Gestaltung: FUCHS DESIGN, München
Druck: Süddeutsche Verlagsgesellschaft, Ulm
Hergestellt in Deutschland
ISBN 978-3-7995-0671-7

Inhalt

Alles GENUSS zu Weihnachten!

Mit Ruhe und Liebe einzigartige Geschenke selber machen, statt gehetzt durch Kaufhäuser zu rennen auf der Suche nach einem passenden Geschenk „von der Stange“ – es gibt viele Gründe zu Weihnachten Selbstgemachtes aus der Küche zu verschenken. Ob Brotaufstriche, Eingelegtes oder Knabberzeug – süß oder herzhaft –, wir liefern zu jedem Rezept auch gleich noch eine Verpackungsidee und die Verpackungsanleitung. So schmecken die Geschenke nicht nur köstlich, sondern sind auch ein Augenschmaus.

Die Etiketten, die wir verwendet haben, haben wir auf Seite 84/85 als Kopiervorlage zusammengestellt. Zum Download gibt es die Etiketten auf www.thorbecke.de/download/978-3-7995-0671-7

Jetzt wünschen wir eine schöne Weihnachtszeit, mit vielen schönen und besinnlichen Momenten in der Küche!
Und bitte immer dran denken:
Perfekt muss es nicht sein.
Das Schönste ist einfach,
wenn man mit Liebe Gemachtes verschenkt.

Sabine Fuchs und Susanne Heindl

Aufs
BROT

scharf!

Feuerpflaume

*

250 g rote Pflaumen * 1 Stück Habanero-Chili (0,5 x 0,5 cm)
½ Vanilleschote * 125 g Gelierzucker 2 : 1 * 4 EL frischer Zitronensaft

Für ein 200-ml-Marmeladenglas / 4 Monate haltbar

Für die Verpackung:
1 Marmeladenglas, ½ Vanilleschote, Christbaumkugel, Geschenkkarton, Butterbrotpapier, Paketschnur, Masking Tape, Geschenkanhänger schwarz, Kreidestift

*

Die Pflaumen gut waschen, entkernen und in ca. 0,5 × 0,5 cm große Würfel schneiden. Das Habanero-Stück sehr fein hacken und am besten beim Verarbeiten Einmal-Handschuhe tragen.

Eine halbe Vanilleschote mit einem scharfen Messer aufschlitzen und das Vanillemark herauskratzen.

Anschließend die Pflaumen- und Habanero-Stückchen in einen kleinenTopf geben, den Gelierzucker, den frischen Zitronensaft und das Vanillemark hinzufügen und bei hoher Temperatur ca. 20 Minuten köcheln lassen. Die Pflaumensauce währenddessen ständig umrühren, damit sie nicht am Boden anhaftet.

Damit die Sauce nicht zu stückig wird, empfiehlt es sich, die Sauce zu pürieren und danach erneut aufköcheln zu lassen.

Zum Schluss die Sauce heiß in ein sterilisiertes Glas füllen, sofort verschließen und 10 Minuten auf den Kopf stellen.

Verpackungsanleitung:
Die Vanilleschote mit dem Masking Tape auf dem Marmeladenglas befestigen. Den Geschenkkarton mit Butterbrotpapier auskleiden und das Glas mit der Christbaumkugel einbetten. Den Geschenkanhänger beschriften und mit reichlich Paketschnur um den Karton binden.

Bratapfel
BratAPfel

Bratapfelaufstrich

*

500 g Äpfel * etwas Butter zum Anbraten * 40 g gehackte Mandeln
100 ml Apfelsaft * Saft von ½ Zitrone * 100 ml Wasser
50 g Marzipanrohmasse * 1 Handvoll Rosinen (nach Belieben)
250 g Gelierzucker 2 : 1 * 1 TL Zimt

Für 3 kleine Gläser / 2 Monate haltbar

Für die Verpackung:
3 kleine Marmeladengläser, 1 DIN-A4-Bogen Packpapier, 1 DIN-A4-Bogen weißes Papier, doppelseitiges Klebeband

*

Die Äpfel schälen, das Kerngehäuse entfernen und die Äpfel in kleine Stücke schneiden. Die Äpfel in einem großen Topf mit etwas Butter anrösten und die gehackten Mandeln dazugeben. Den Apfelsaft, den Zitronensaft und das Wasser dazugeben und 10 Minuten köcheln lassen.

Die Marzipanrohmasse in kleine Stückchen schneiden und unter die Apfelmischung rühren. Falls gewünscht, die Rosinen hinzufügen. Weitere 5 Minuten bei niedriger Temperatur köcheln lassen.

Den Gelierzucker und den Zimt zu den gekochten Äpfeln geben und diese nach Packungsanleitung aufkochen. Den Aufstrich in die sterilisierten Gläser füllen und 10 Minuten auf dem Kopf stehen lassen.

Verpackungsanleitung:
Die Etiketten von Seite 85 kopieren. Die Etiketten können nach Belieben gelocht und mit einem Band am Glas befestigt werden oder mit doppelseitigen Klebeband auf die Gläser geklebt werden.

Lavendelblütenhonig

für ganz Süße

*

* 200 g Honig
* 1 EL getrocknete Lavendelblüten aus der Apotheke

Für 1 kleines Glas / 1 Jahr haltbar

Für die Verpackung:
1 kleines Marmeladenglas, 1 DIN-A4-Bogen weißes Papier, doppelseitiges Klebeband

*

Die Lavendelblüten in ein Glas geben und mit dem Honig übergießen.

Den Blütenhonig gute 2 Wochen stehen lassen. Falls Sie den Honig ohne die Blüten verschenken möchten, den Honig erhitzen und die Blüten abseihen. Die Blüten können aber auch mitgegessen werden!

Verpackungsanleitung:
Die Banderole von Seite 85 kopieren. Die Banderole ausschneiden und mit doppelseitigem Klebeband über den Deckel kleben.

FOR YOU

Himbeer-Zimt-Aufstrich

*

500 g Himbeeren * 150 ml Agavendicksaft
2 Zimtstangen * 1 gestrichener TL Agar-Agar
Saft von einer Zitrone

Für 3–4 Gläser / 4 Monate haltbar

Für die Verpackung:
4 kleine Gläser, Geschenkband, fertige Klebeetiketten, 4 Zimtstangen, doppelseitiges Klebeband

*

Die Himbeeren mit dem Agavendicksaft vorsichtig zum Kochen bringen.

Die Zimtstangen unter das abgekühlte Püree mischen und zugedeckt mindestens 3 Stunden stehen lassen.

Das Zimt-Fruchtpüree noch einmal langsam aufkochen.
Das Agar-Agar mit dem Zitronensaft verrühren, unter die kochende Beerenmasse rühren und etwa 2 Minuten köcheln lassen.
Den Fruchtaufstrich in die vorbereiteten sterilisierten Gläser füllen und auf dem Kopf stehend abkühlen lassen.

Verpackungsanleitung:
Je eine Zimtstange mit dem doppelseitigen Klebeband und dem Geschenkband am Glas befestigen. Die Deckel mit gekauften Etiketten bekleben.

WITH LOVE

Orangenaufstrich mit Kardamom

*

3–4 Orangen (ca. 400 g Orangenfilets + 200 ml Fruchtsaft)
2–3 Kardamomkapseln * ½ Zitrone * 1 Päckchen Vanillezucker
250 g Gelierzucker 2 : 1

Für ein 500-ml-Einmachglas / 4 Monate haltbar

Für die Verpackung:
1 500-ml-Einmachglas, Garnrolle schwarz-weiß, schwarzer Anhänger, schwarzes Klebeband, Motivstempel, weiße Stempelfarbe, weißer Kreidestift

*

Die Orangen schälen und anschließend so filetieren, dass keine weiße Haut anhaftet. Durch die weiße Haut kann ein bitterer Geschmack entstehen, der das fruchtige Orangenaroma beeinflusst. Den anfallenden Saft der Orange in einer Schüssel auffangen.

Die Orangenfilets in Würfel schneiden und zusammen mit dem Orangensaft in einen großen Topf geben. Nun die Kardamomkapseln aufbrechen und den Inhalt über die Orangenfilets streuen.

Anschließend den Saft einer halben Zitrone mit 1 Päckchen Vanillezucker und 250 g Gelierzucker in den Topf geben und den ganzen Inhalt ca. 20 Minuten köcheln lassen. Zum Schluss die heiße Marmelade in ein sterilisiertes Glas füllen, sofort verschließen und 10 Minuten auf den Kopf stellen.

Verpackungsanleitung:
Den schwarzen Anhänger mit einem Motiv stempeln, auf der Anhängerrückseite den Glasinhalt angeben und mit einem schwarz-weißen Garn an das Einmachglas binden. Ein ca. 10 cm langes schwarzes Klebeband mit einem persönlichen Spruch versehen und das Einmachglas damit bekleben.

EIN-
gelegt

SENF
GURKEN

Senfgurken

*

3 kleine Perlzwiebeln * 250 ml Wasser * 250 ml Condimento Bianco
15 schwarze Pfefferkörner * 2 EL gelbe Senfkörner * 50 g Zucker
½ EL Salz * 2 Salatgurken

Für zwei 500-ml-Gläser / 4 Monate haltbar

Für die Verpackung:
2 500-ml-Einmachgläser, Tageszeitung, Schleifenband silber, Silberstift, Geschenkanhänger schwarz

*

Die Perlzwiebeln schälen und in feine Scheiben schneiden.

Das Wasser, den Condimento Bianco, die Pfefferkörner, die Senfkörner, den Zucker, das Salz und die Zwiebelscheiben in einen Topf geben und ca. 10 Minuten köcheln lassen.

Die Salatgurken schälen, längs halbieren und mit einem Teelöffel die Kerne entfernen. Anschließend die Gurkenhälften nochmals vierteln und in 1 cm dicke Scheiben schneiden.

Nun die Gurkenstücke in den Sud geben und kurz aufkochen lassen. Anschließend die Gurken in ein sterilisiertes Einmachglas füllen und mit dem Sud aufgießen, bis die Gurken vollständig bedeckt sind. Das Glas luftdicht verschließen und für ca. 3 Wochen an einem dunklen, kühlen Ort einlagern.

Verpackungsanleitung:
Aus einer Tageszeitung einen Kreis schneiden, dessen Durchmesser etwa 2 cm größer als der des Deckels ist. Den Geschenkanhänger beschriften und mit dem Schleifenband das Zeitungshäubchen und den Anhänger befestigen.

Eingelegter Ziegenkäse

*

½ Zitrone * 4 kleine rote Chilischoten
250 ml bestes Olivenöl * 4 kleine Rollen Ziegenkäse
1 Zweig frischer Rosmarin

Für 1 kleines Einmachglas / 4 Wochen haltbar

extra lecker

Für die Verpackung:
1 kleines Einmachglas, rotes Geschenkband,
1 DIN-A4-Bogen dickes graues Packpapier

*

Die Zitrone in feine Scheiben schneiden. Eine Chilischote waschen und in kleine Ringe schneiden; die Ringe unter das Olivenöl mischen.

Den Ziegenkäse abwechselnd mit den Zitronenscheiben in ein Einmachglas geben und mit dem Chiliöl begießen. Den Rosmarinzweig halbieren und die Hälften mit den 3 ganzen Chilischoten ins Glas geben

Verpackungsanleitung:
Das Etikett von Seite 85 auf dickes Packpapier kopieren, ausschneiden, lochen und mit dem roten Geschenkband am Glas befestigen.

Apfel-Blaukraut

*

1 kg Rotkohl (Blaukraut) * 3 EL Olivenöl * 2 rote Zwiebeln
2 Äpfel * 2 EL Agavensirup * 250 ml Wasser * 2 EL Balsamicoessig
1 Lorbeerblatt * 4 EL Rotwein * Salz * Pfeffer

Für 2 große Einmachgläser / 2 Monate haltbar

Für die Verpackung:
2 große Einmachgläser, 1 Wäscheklammer, Geschenkpapier, Packpapier, 2 unterschiedliche Geschenkpapierkordeln

*

Den Rotkohl putzen, waschen, vierteln und den Strunk entfernen. Den Rotkohl in feine Streifen schneiden.

Das Olivenöl in einem Topf vorsichtig erhitzen. Die Zwiebeln schälen und würfeln. Die Äpfel schälen, das Kerngehäuse entfernen und die Äpfel in kleine Stücke schneiden. Zusammen mit den Zwiebeln in dem Olivenöl anbraten. Den Agavensirup zu der Zwiebel-Apfel-Mischung geben und alles verrühren. Den Rotkohl zugeben.

Mit dem Wasser und dem Balsamicoessig aufgießen und das Lorbeerblatt hinzufügen. Bei geschlossenem Deckel 20 Minuten mit geringer Hitze köcheln lassen. Den Rotwein unterrühren, weitere 2 Minuten köcheln lassen. Am Schluss mit Salz und Pfeffer abschmecken. Den Rotkohl in sterilisierte Einmachgläser geben und mit einem Einmachgummi luftdicht verschließen.

Verpackungsanleitung:
Aus dem Geschenkpapier Flügel ausschneiden (ein großes Herz). Die Wäscheklammer auseinandernehmen und die glatten Seiten zusammenkleben. Die Metallklammer wieder an die Seiten stecken und als Haare anbringen. Die Flügel ankleben. Das Einmachglas mit dem Packpapier einwickeln und mit zwei unterschiedlichen Geschenkkordeln festknoten. Den Wäscheklammerengel an den Verschluss hängen.

Paprika

Gefüllte Cocktail-Paprika

*

1 große Knoblauchzehe * 250 ml Olivenöl * 200 g Cocktail-Paprika
20 g eingelegte Jalapeño-Scheiben * 200 g Frischkäse
Salz * Pfeffer

Für 300 ml / 4 Wochen haltbar

Für die Verpackung:
1 300-ml-Schraubglas, 1 Holzstern (Durchmesser etwas kleiner als der Schraubdeckel des Glases), Doppelklebeband, Garnrolle silber, weißer Anhänger, kleine Buchstabenstempel, rote Stempelfarbe

*

Die Knoblauchzehe häuten und durch eine Knoblauchpresse drücken. 2 EL Olivenöl und den Knoblauch vermischen. Den Backofen auf 160 °C (Ober-/Unterhitze) vorheizen.

Die Cocktail-Paprika waschen und vorsichtig von Strunk und Kernen befreien, so dass nur am Strunkende eine Öffnung entsteht. Die Paprika in eine kleine Auflaufform geben und mit dem Knoblauchöl vermischen. Bei 160 °C die Paprika im Backofen ca. 20 Minuten garen und währenddessen immer wieder wenden. Die Paprika aus dem Ofen nehmen und auf einem Teller abkühlen lassen.

Die Jalapeño-Scheiben gut abtropfen lassen und in kleine Stücke hacken. Anschließend den Frischkäse und die Jalapeñostücke mit dem Pürierstab vermengen und mit Salz und Pfeffer abschmecken.

Die Jalapeño-Creme in einen kleinen Gefrierbeutel füllen, an einer Ecke ein Loch in den Beutel schneiden und die Creme vorsichtig in die Paprika füllen. Die gefüllten Paprika vorsichtig in ein Glas schichten und mit feinstem Olivenöl auffüllen.

Verpackungsanleitung:
Den Holzstern mit einem Stück Doppelklebeband auf dem Deckel fixieren. Den Anhänger mit den Buchstabenstempeln und roter Stempelfarbe beschriften, danach mit dem silbernen Garn am Glas befestigen.

Pikante Oliven

*

200 g gemischte Oliven, in Salzlake
2 Scheiben einer Bio-Zitrone, je 2–3 mm dick * 2 Knoblauchzehen
1–2 frische kleine Chilischoten * 100 ml Olivenöl

Für ein 400-ml-Glas / 4 Wochen haltbar

Für die Verpackung:
1 400-ml-Einmachglas mit Bügelverschluss, Garnrolle rot-weiß, Papier-Anhänger braun, Masking-Tape

*

Die Oliven abgießen und beiseite stellen. Die Zitronenscheiben gut waschen und in Viertel schneiden.

Die Knoblauchzehen häuten und in feine Würfel schneiden. Die Chilischoten waschen, vom Stiel befreien und entkernen. Nun die Chilischoten in feine Ringe schneiden.

Anschließend die Oliven mit den Zitronenvierteln, den Knoblauchwürfeln und den Chiliringen vermengen und in ein sterilisiertes Glas füllen. Das Ganze mit bestem Olivenöl aufgießen und gut mit einem Deckel verschließen. 1–2 Wochen ziehen lassen und innerhalb von 6 Wochen aufbrauchen.

Verpackungsanleitung:
Die Papier-Anhänger beschriften und mit Masking-Tape verzieren. Anschließend den Anhänger mit einem rot-weißen Garn an das Einmachglas binden.

IKANTE
OLIVEN

MANGO
Ketchup
Orangen
Cranberry

Saucen, Pestos und CHUTNEYS

PFLAUME
WECK

Pflaumensauce

*

1 Scheibe frischer Ingwer, 3–4 mm * 20 Backpflaumen
2 EL Reisessig * 200 ml Apfelsaft
½ TL Kardamom, gemahlen * ½ TL Zimt, gemahlen
2 Sternspitzen einer Sternanisfrucht
2 EL Zucker

Für zwei 120-ml-Gläser / 2 Monate haltbar

Für die Verpackung:
2 kleine Weckgläser, 1 weißer DIN-A5-Fotokarton, Bleistift, dünner schwarzer Filzstift, Schleifenband (z.B. rot-weißes Leinenband), Schere

*

Den Ingwer schälen und in feine Stückchen schneiden. Die Backpflaumen, wenn nötig, entkernen und ebenfalls in Stückchen schneiden. Anschließend die Backpflaumen, den Ingwer, den Reisessig und den Apfelsaft in einen kleinen Topf geben und bei mittlerer Temperatur ca. 10 Minuten leicht köcheln lassen.

Im Anschluss die Backpflaumenmischung mit einem Pürierstab zu einem Mus verarbeiten und wieder auf den Herd stellen. Nun die Gewüzmischung und den Zucker hinzufügen und alles bei niedriger Temperatur so lange köcheln lassen, bis eine sämige Konsistenz entsteht.

Zum Schluss die Sauce heiß in ein sterilisiertes Glas füllen, sofort verschließen und 10 Minuten auf den Kopf stellen.

Verpackungsanleitung:
Mit dem Bleistift einen ca. 8 cm (0,5 cm höher als das Einweckglas) großen Tannenbaum auf den Fotokarton skizzieren und mit einer Schere ausschneiden. Dann den Schriftzug „Pflaume" senkrecht auf den Tannenbaum schreiben und den Baum nach Belieben verzieren. Anschließend den Baum mit einem Schleifenband an das Glas binden.

MANGO
Ketchup

Pikantes Mangoketchup

*

1 große Knoblauchzehe * 1 Stück Ingwer, ca. 1 cm
2 große reife Mangos * 1 getrocknete Piri-Piri
1 EL Sonnenblumenöl * 6 EL Weißweinessig * 20 g Zucker
½ TL Currypulver * Salz

Für 2 x 200 ml / 2 Monate haltbar

Für die Verpackung:
2 200-ml-Glasflaschen, Schleifenband, Doppelklebeband,
Etikett von Seite 84

*

Die Knoblauchzehe häuten und durch eine Knoblauchpresse drücken. Den Ingwer schälen und fein reiben, bis ¼ EL Ingwermus entsteht. Die Mangos schälen, vom Kern befreien und in Würfel schneiden. Die Piri-Piri zwischen den Fingern fein verreiben.

Das Sonnenblumenöl in einem kleinen Topf erwärmen und den Knoblauch darin leicht andünsten. Anschließend den Weißweinessig angießen und die restlichen Zutaten hinzufügen. Alles ca. 10 Minuten köcheln lassen und dann mit dem Pürierstab zu einem musigen Ketchup verarbeiten. Mit Salz abschmecken.

Zum Schluss die Sauce heiß in die sterilisierten Glasgefäße füllen und sofort verschließen.

Verpackungsanleitung:
Das Etikett von Seite 84 kopieren und mit einem passenden Stück Doppelklebeband auf den beiden Glasflaschen anbringen. Bei beiden Flaschen ein ca. 17 cm langes Schleifenband wie einen Kragen um den Flaschenhals binden und mit einem Stück Doppelklebeband fixieren.

Rote-Zwiebel-Cranberry-Chutney

*

3 kleine rote Zwiebeln * 2 EL Olivenöl
100 g getrocknete Cranberrys * 3 EL Rotweinessig * 150 ml Wasser
4 EL brauner Zucker * 1 Sternanis

Für 1 kleines Glas / 4 Monate haltbar

Für die Verpackung:
1 kleines Schraubglas, Dekostempel, weißes Stempelkissen, schwarzer Geschenkanhänger, doppelseitiges Klebeband, kleiner Christbaumanhänger, weiß-schwarze Kordel

*

Die Zwiebeln schälen und würfeln. In einem kleinen Topf das Olivenöl vorsichtig erhitzen und die Zwiebeln darin anbraten. Die Cranberrys zugeben und mit dem Rotweinessig und dem Wasser begießen.

Den braunen Zucker unter die Zwiebelmischung rühren, den Sternanis dazugeben und 10 Minuten bei geschlossenem Deckel köcheln lassen. Den Deckel abnehmen und die Flüssigkeit weitere 5 Minuten einkochen lassen.

Das Chutney (ohne den Sternanis) in das sterilisierte Glas füllen, mit dem Deckel ver-schließen und 5 Minuten umgedreht stehen lassen.

Verpackungsanleitung:
Den schwarzen Geschenkanhänger mit dem doppelseitigen Klebeband auf den Deckel kleben. Den Deckel bestempeln. Einen kleinen Christbaumanhänger mit der Kordel ans Glas hängen.

made
with

KORI
ANDER
PESTO

Korianderpesto

*

30 g Pinienkerne * 30 g gemahlene Mandeln
Salz * 2 Bund Koriandergrün
1 EL Zitronensaft * 150 ml Olivenöl
1 Knoblauchzehe * Pfeffer

Für 150 ml / 2 Wochen haltbar

extra schnell

Für die Verpackung:
1 kleines Weckglas, 1 DIN-A4-Bogen Packpapier, Paketschnur, gekaufte Labelanhänger, schwarzer Filzstift

*

Die Pinienkerne in einer Pfanne ohne Fett rösten. Die gemahlenen Mandeln ebenfalls in einer trockenen Pfanne mit etwas Salz anbräunen.

Den Koriander waschen, trockenschütteln und hacken. Die Pinienkerne, den Koriander und den Zitronensaft mit dem Olivenöl mit einem Pürierstab gut durchmixen.

Den Knoblauch schälen und dazupressen. Salzen und pfeffern. Die Mandeln unterrühren. Das Pesto in ein Weckglas geben und verschließen.

Verpackungsanleitung:
Aus dem Packpapier einen großen Kreis ausschneiden und den Deckel mit dem Packpapier und der Paketschnur einwickeln. Den Anhänger mit dem Filzstift beschriften und auf die Labelrückseite das Haltbarkeitsdatum schreiben. (Pesto ist nur 1 Woche haltbar). Das Label an die Paketschnur hängen.

Kumquat Chutney

Kumquat-Chutney

*

250 g Kumquats * 1 Chilischote
2 Schalotten * 2 EL Olivenöl
3 EL Weißweinessig * 150 ml Wasser
4 EL brauner Zucker
Salz

Für 1 kleines Glas / 4 Monate haltbar

extra lecker

Für die Verpackung:
1 kleines Weckglas, 1 DIN-A4-Bogen weißes Papier (170 g), goldenes Band

*

Die Kumquats mit Schale und die Chilischote in kleine Ringe schneiden. Die Schalotten schälen und würfeln.

In einem kleinen Topf das Olivenöl vorsichtig erhitzen und die Schalotten anbraten. Die Kumquats zugeben und mit dem Weißweinessig und dem Wasser begießen. Den braunen Zucker darunterrühren und 10 Minuten bei geschlossenem Deckel köcheln lassen.

Mit Salz abschmecken und weitere 5 Minuten die Flüssigkeit einkochen. Die Chilischoten vorsichtig unterheben und das Chutney in das Glas füllen.

Verpackungsanleitung
Das Etikett von Seite 84 kopieren und ausschneiden. Lochen und mit dem goldenen Faden am Glas anbringen.

Orangen
Cranberrys

Orangen-Cranberrys

*

125 g Cranberrys * 120 ml Orangensaft
100 g Gelierzucker 2 : 1 * 4 cl Orangenlikör

Für ein 250-ml-Glas / 4 Monate haltbar

Für die Verpackung:
1 Weckglas, roter Fotokarton, Garnrolle rot-weiß, Etikett von Seite 84

*

Die Cranberrys waschen und mit dem Orangensaft in einen kleinen Topf geben. Beides kurz aufkochen und dann den Gelierzucker unterrühren. Das Ganze ca. 10 Minuten köcheln lassen.

Anschließend den Orangenlikör hinzufügen, kurz aufkochen lassen und die Sauce heiß in ein sterilisiertes Glas füllen. Dieses sofort verschließen und 10 Minuten auf den Kopf stellen.

Verpackungsanleitung:
Das Etikett von Seite 84 kopieren. Aus dem roten Fotokarton ein kleines Herz ausschneiden und auf den unteren Rand des Etiketts kleben. Das Etikett mit einem Loch versehen und mit einem Stück Garn an die Weckklemme binden.

Senfsauce

3–4 kleine Dillzweige * 150 g süßer Senf
100 g mittelscharfer Senf * 30 g Dijon-Senf
2 EL Ahornsiurp * 2 TL Balsamicoessig * 3 TL Sonnenblumenöl
Salz * Pfeffer

Für 2 x 150 g / 4 Wochen haltbar

Für die Verpackung:
2 150 g-Schraubgläser, Schleifenband, Doppelklebeband, weißes Etikett, goldener Stift, dünnes Geschenkgarn

Die Dillzweige waschen, gut trockenschütteln und die feinen von den groben Dillstängeln befreien. Nun die feinen Dillstängel mit einem guten Messer in Stückchen hacken.

Anschließend alle Senfsorten vermischen. Nun den Ahornsirup, den Balsamicoessig und das Sonnenblumenöl kräftig mit einer Gabel unterrühren.

Zum Schluss die Dillstückchen unterheben und mit Salz und Pfeffer abschmecken.

Verpackungsanleitung:
Das Schleifenband mit einem Doppelklebeband über den Schraubdeckel kleben. Das Etikett mit einem Goldstift beschriften und mit einem Stück Garn am Glas befestigen.

SENF
SAUCE

Limetten Ö

WÜRZIG

ROTE
CURRY
PASTE

Rote Currypaste

*

6 frische rote Peperoni (je ca. 8 cm) * 4 kleine frische grüne Chilis
2 Schalotten * 1 große Knoblauchzehe * 1 Stängel frisches Zitronengras
1 Stück frischer Galgant (ca. 1,5 cm) * 1 Bio-Kaffir-Limette
½ TL Koriander, gemahlen * ¼ TL Pfeffer, schwarz * 1 TL Salz
1 Kardamomkapsel * 1 TL Garnelenpaste

Für ca. 20 EL / 2 Monate haltbar

Für die Verpackung:
2 Reagenzgläser oder Minigläser mit Schraubverschluss, Packpapier, Packpapier-Anhänger, zartes Goldband

*

Die Peperoni und die Chilis waschen, entstielen und fein hacken. Die Schalotten und die Knoblauchzehe häuten und ebenfalls in feine Stückchen hacken.

Die äußere, harte Schicht des Zitronengrases entfernen und den inneren Stängel in feine Scheiben schneiden. Den Galgant schälen und klein hacken. Die Kaffir-Limette gut waschen und mit einer Reibe die Schale abtragen, bis ca. ½ TL Schalenabrieb entsteht.

Nun alle vorbereiteten Zutaten und die Gewürze mit der Garnelenpaste in einem Mörser oder mit einem Pürierstab zu einer Paste verarbeiten.

Verpackungsanleitung:
Die Glasbehältnisse gut reinigen, wenn möglich sterilisieren und trocknen lassen. Die Currypaste in die Behältnisse füllen und diese verschließen. Für jedes Gefäß ein Stück Packpapier zuschneiden, so dass der Deckel abgedeckt werden kann. Die Packpapier-Anhänger beschriften. Das zarte Goldband um die Packpapierhaube wickeln und die Anhänger befestigen.

LimettenÖL

Limettenöl

*

½ Bio-Limette * 1–2 Stängel Minze
200 ml Olivenöl

Für 200 ml / 6 Monate haltbar

Für die Verpackung:
200-ml-Glasflasche mit Bügelverschluss, kleiner Fliegenpilz, rot-weiße Garnrolle, Etikett von Seite 84, Doppelklebeband

*

Die Limette gut waschen, trockenreiben und mit einem Sparschäler vorsichtig die Schale in Streifen entfernen. Es sollte möglichst kein Weiß an der Limettenschale sein, da das Öl sonst einen bitteren Beigeschmack bekommt. Die Minze waschen und vorsichtig trockentupfen.

Die Limettenspäne und die Minze in ein sterilisiertes Glasgefäß geben und mit bestem Olivenöl aufgießen. Anschließend gut verschließen und für ca. 1 Woche an einen dunklen Ort stellen, damit sich das Aroma im Öl entfalten kann.

Nach ca. 1 Woche kann das Öl in eine schöne, sterilisierte Glasflasche umgefüllt werden, wobei die Limettenspäne und die Minze abgefiltert werden sollten.

Verpackungsanleitung:
Das Etikett von Seite 84 ausdrucken und mit einem passenden Stück Doppelklebeband auf der Frontseite der Glasflasche anbringen. Den Flaschenhals mit einem Stück rot-weißen Garn umwickeln und den Bügelverschluss mit einem kleinen Fliegenpilz verschönern.

PLEASE
HAND CANCEL

Rosmarin-Salz mit Orangenaroma

*

1 Rosmarinzweig * 1 Bio-Orange
200 g grobes Meersalz
Für 200 g / unbegrenzt haltbar

Für die Verpackung:
1 kleine Papiertüte, Zellophanfolie, 1 kleine Zellophantüte, schwarzer Geschenkanhänger, Motivstempel, goldene Stempelfarbe, Garnrolle schwarz-weiß, Cutter, Klebeband, Locher, Rosmarinzweig

*

Den Rosmarinzweig waschen und gut trockentupfen. Danach die Rosmarinnadeln von den Zweigen ablösen und hacken.

Die Orange gut abwaschen, trockenreiben und die Schale von ¼ Orange mit einem Sparschäler in Streifen abtragen. Darauf achten, dass möglichst wenig der weißen Schicht enthalten ist, da der Geschmack sonst leicht bitter wird. Anschließend die Orangenstreifen fein hacken.

Nun das grobe Meersalz mit den Rosmarin- und Orangenstückchen vermengen und in ein gut verschließbares Glas füllen.

Verpackungsanleitung:
In die Papiertüte ein kleines Schneidebrettchen legen und mit dem Cutter ein Fenster schneiden. Nun ein passendes Zellophanstück zuschneiden, um das Fenster mit einem Klebeband von der Innenseite her wieder zu schließen. Das Salz in eine Zellophantüte füllen, luftdicht verschließen und in die Papiertüte stellen. Den Geschenkanhänger mit einem Motiv bestempeln und beschriften. Die Tütenöffnung ein paarmal umschlagen und mit dem Locher ein Loch stanzen, um den Anhänger mit dem Garn zu befestigen. Das Ganze kann noch mit einem Rosmarinzweig ergänzt werden.

extra bärig

HimBärEssig

*

100 g frische Himbeeren oder TK-Himbeeren
300 ml milder Balsamicoessig bianco
50 g Zucker
Für 300 ml / 4 Monate haltbar

Für die Verpackung:
1 300-ml-Glasflasche mit Korken oder Schraubverschluss, Goldspray, 1 kleine Bärenfigur, 1 kleiner Bogen weißes Pergamentpapier, Goldstift, Heißklebepistole, Paketschnur, kleiner Christbaumanhänger

*

Die Himbeeren sorgfältig verlesen und gegebenfalls vorsichtig mit einem Tuch reinigen. Anschließend die Himbeeren in ein sterilisiertes Glasgefäß mit einem dichten Schraubverschluss geben und mit 300 ml Weißweinessig auffüllen. Das Ganze für ca. 2 Wochen an einem kühlen Ort lagern.

Nach Ablauf der 2 Wochen wird der Essig durch ein Mulltuch filtriert und in einem Topf aufgefangen. Nun den Himbeeressig erhitzen und 50 g Zucker einrühren, bis sich der Zucker vollständig gelöst hat.

Im Anschluss kann der heiße Himbeeressig in eine sterilisierte Glasflasche gefüllt und luftdicht verschlossen werden.

Verpackungsanleitung:
Den Flaschenverschluss und die Bärenfigur mit dem Goldspray besprühen und trocknen lassen. Danach die Bärenfigur mit der Heißklebepistole auf dem Flaschenverschluss fixieren. Mit dem Pergamentpapier eine Banderole für die Glasflasche basteln und mit einem Goldstift den Schriftzug „HimBärEssig“ aufbringen. Den Christbaumanhänger mit der Paketschnur an der Flasche anbringen

HimBÄR
Essig

Chiliöl

*

200 ml Olivenöl * 4–5 kleine, scharfe Chilischoten
2 Knochlauchzehen

Für eine 200-ml-Flasche / 4 Monate haltbar

extra feurig

Für die Verpackung:
200-ml-Glasflasche, Papier, Schleifenband, Stift, Klebestift, 1 Chilischote

*

Die Chilischoten gut waschen und anschließend von Stiel und Kernen befreien. Danach die Chilischoten in grobe Ringe schneiden. Die Knoblauchzehen häuten und in feine Scheiben schneiden.

Die Chiliringe und Knoblauchscheiben in eine schöne Glasflasche füllen und mit hochwertigem Olivenöl auffüllen.

Anschließend die Ölflasche gut verschließen und an einem kühlen dunklen Ort aufbewahren. Nach 3–4 Wochen hat sich das Aroma voll entfaltet.

Verpackungsanleitung:
Aus dem Papier eine passende Banderole für die Flasche anfertigen und beschriften. Mit einem Klebestift die Banderole an der Flasche befestigen und mit einem Schleifenband und der Chilischote dekorieren.

CHILIÖL

★ Süßes Glück ★

Einfach süß

SCHO
KO
LA
DE

Bruchschokolade

*

600 g Schokolade (Vollmilch, Zartbitter oder weiß, je nach Belieben)
Zutaten nach Wunsch, z.B. geschälte Kürbiskerne, gesalzene Mandeln, in Stücke gebrochene Vollkornkekse * getrocknete Früchte

Für 4 große Tafeln / 4 Wochen haltbar

Für die Verpackung:
4 Bögen Transparentpapier, 1 DIN-A4-Bogen Packpapier, rot-weiße Geschenkkordel, doppelseitiges Klebeband

*

Die Schokolade in Stückchen im Wasserbad schmelzen. Die Schokolade auf ein mit Backpapier belegtes Backblech laufen lassen. Je 2 EL der gewünschten Zutaten auf die geschmolzene Schokolade geben und etwas hineindrücken, so dass sie teilweise bedeckt sind.

Das Blech mit der Schokolade kühl stellen, am besten in den Kühlschrank, mindestens 8 Stunden. Dann lässt sie sich gut in Stücke brechen.

Verpackungsanleitung:
Die Schokolade mit dem Transparentpapier wie ein Geschenk einwickeln und oben und unten zutackern. Das Packpapier in schmale Etiketten schneiden und mit schwarzem Filzstift nach Lust und Laune beschriften, z.B. wie in der Vorlage auf Seite 84. Mit doppelseitigem Klebeband auf die Schokopackungen kleben und mit der Geschenkkordel umwickeln.

weiße
SCHOKO-
KOKOS-
CRISPIES

Weiße Kokos-Schokocrossies

*

200 g weiße Schokolade
70 g Cornflakes * 30 g Kokosflocken
Für 30 Stück/ 4 Wochen haltbar

extra schokoladig

Für die Verpackung:
bunte Pralinenförmchen, Plätzchendose, rot-weiße Kordel, Geschenkanhänger

*

Die Schokolade in Stückchen im Wasserbad schmelzen. Die Cornflakes und die Kokosflocken in die Schokoladenmasse geben, vorsichtig unterheben.

Mit einem Löffel kleine Häufchen in die Pralinenförmchen setzen und trocknen lassen.

Verpackungsanleitung:
Die Kokos-Schokocrossies in die Dose stapeln, den Anhänger nach Belieben beschriften und mit der Kordel um die Dose knüpfen.

Fuchsplätzchen

*

250 g kalte Butter * 2 Eier
300 g Weizenmehl * 175 g Zucker * 1 Päckchen Vanillezucker
1 Zitrone * 200 g Puderzucker * gelbe und rote Lebensmittelfarbe
Fuchsausstecher

Für ca. 30 Plätzchen / 4 Wochen haltbar

Für die Verpackung:
Klarsichttüten, orangenes Bändchen, ein Fuchsbild ausdrucken

*

Für die Plätzchen die kalte Butter in kleine Stücke schneiden. Die Eier trennen. Das Mehl in eine Schüssel sieben, die Butter, den Zucker, den Vanillezucker und das Eigelb dazugeben. Mit der Hand zu einem glatten Teig verkneten. Den Teig in eine Klarsichtfolie wickeln und eine Stunde kaltstellen.

Den Backofen vorheizen (Ober/Unterhitze etwa 180 °C, Umluft 160 °C). Den Teig zwischen zwei Klarsichtfolien ca. 3 mm dick ausrollen. Füchse ausstechen und auf das mit Backpapier belegte Backblech legen. Ca. 10 Minuten backen.

Wenn die Plätzchen abgekühlt sind, können sie mit dem Guss verziert werden. Dazu die Zitrone auspressen. Das Eiweiß mit dem Puderzucker und dem Zitronensaft verrühren, bis eine glatte weiße Masse entstanden ist. Aus der roten und der gelben Lebensmittelfarbe einen Orangeton mischen und den gößten Teil der Glasur orange färben. Einen kleinen Rest der weißen Glasur beiseite stellen.

Die Füchse mit einem Backpinsel mit der orangenen Glasur bestreichen. Wenn die Glasur getrocknet ist, können Pfoten, Schwanz und Schnauze weiß verziert werden.

Verpackungsanleitung:
3 bis 5 Fuchsplätzchen in die Klarsichttüten legen. Mit einem orangenen Bändchen verschließen. Das Fuchsbild (ca. 5 × 5 cm) ausschneiden, lochen und an das Bändchen hängen.

★ Süßes Glück ★

Trinkschokolade am Stiel

*

200 g dunkle Schokolade * 2 Msp. Kardamom, gemahlen * 4 Msp. Zimt
Silikonform für Eiswürfel * 10 Holzstäbchen

Für ca. 10 Stück / 4 Wochen haltbar

Für die Verpackung:
kleine Zellophantütchen, goldenes Schleifenband,
Etikett „süßes Glück" von Seite 85

*

Die Schokolade in Stücke brechen und im Wasserbad langsam zum Schmelzen bringen.

Den Kardamom und den Zimt in die Schokolade einrühren, die Schüssel aus dem Wasserbad nehmen und etwas abkühlen lassen.

Die Schokolade in die Silikonförmchen füllen und etwas abkühlen lassen. Bevor die Trinkschokolade fest wird, die Holzstäbchen in die Schokomasse stecken. Anschließend die Schokolade vollständig aushärten lassen und zum Schluss die Schokowürfel aus den Bechern drücken.

Verpackungsanleitung:
Das Etikett „süßes Glück" ausdrucken und ausschneiden. Die Trinkschokoladen-Stiele einzeln in kleine Zellophantütchen geben. Mit einem zarten Goldbändchen verschließen und dabei das Etikett befestigen.

Orangentrüffel

*

300 g Orangenschokolade
100 g Sahne * 2 EL Krokant * 50 g weiche Butter
100 g Kakaopulver mit Orangenaroma
Für 20 Stück / 4 Wochen haltbar

Für die Verpackung:
Pralinenförmchen, Geschenkfolie, alte Tassen oder Gefäße (zum Beispiel vom Flohmarkt)

*

Die Orangenschokolade klein schneiden. Die Sahne bei starker Hitze zum Kochen bringen. Die Orangenschokolade unterrühren, bis sie sich aufgelöst hat. Den Krokant miteinrühren. Die Schokomasse mit Klarsichtfolie bedecken und bei Zimmertemperatur über Nacht stehen lassen.

Die Schokoganache mit der weichen Butter aufschlagen.
2–3 Stunden kalt stellen.

Die Trüffelmasse zu Kugeln formen und in dem Orangenkakao wälzen.
In die Papierförmchen setzen.

Verpackungsanleitung:
Tolle alte Porzellangefäße lassen sich auf Flohmärkten oder in Trödelläden entdecken. Die Trüffelpralinen vorsichtig in einem Gefäß übereinanderstapeln und mit einer Geschenkfolie verpacken.

Schokocookies

*

100 g Zartbitterschokolade * 50 g weiße Schokolade
200 g weiche Butter * 1 Prise Salz * 180 g Zucker * 2 Eier
160 g Weizenmehl * 1 TL Backpulver
90 g Haselnusskerne, gemahlen

Für 30 Stück / 4 Wochen haltbar

Für die Verpackung:
Schleifenband, Zellophantüte, Geschenktüte braun, Buchstabenstempel, weiße Stempelfarbe, Christbaumanhänger

*

Den Backofen auf 160 °C (Ober-/Unterhitze) vorheizen.

Die Zartbitterschokolade und die weiße Schokolade in kleine Stücke hacken und beiseite stellen.

Die Butter, das Salz, den Zucker und die 2 Eier zu einer cremigen Masse verrühren. Das Weizenmehl und das Backpulver vermischen und portionsweise unter die Buttermasse sieben. Nun die gemahlenen Haselnusskerne und die Schokoladenstückchen mischen und das Ganze unter den Teig heben, bis alles gleichmäßig vermengt ist.

Den Teig mit einem Teelöffel auf das mit Backpapier ausgelegte Backblech portionieren, wobei genügend Abstand zwischen den Plätzchen bleiben sollte. Die Plätzchen ca. 15 Minuten auf der mittleren Schiene backen.

Verpackungsanleitung:
Die Geschenktüte mit der weißen Stempelfarbe und den Buchstabenstempeln beschriften. Die Schokocookies zu kleinen Türmchen verschnüren und luftdicht in Zellophantüten verpacken. Die Zellophantüten in die Geschenktüten stellen und mit einem Schleifenband verschließen. Je nach Belieben kann die Tüte mit Christbaumanhängern oder Ähnlichem geschmückt werden.

Music, Inc. New York
für Deutschland und Österreich
Nachdruck und Abschreiben
01 – T.V. - 06
hör zu-
Klavier

KNABBER-zeug

ROTE
BETE
CHIPS

Rote-Bete-Chips

*

4–6 Knollen Rote Bete * 2 EL grobes Meersalz
etwas Vanille aus der Mühle oder ½ Vanilleschote
etwas Sonnenblumenöl

Für ca. 250 g / 4 Wochen haltbar

Für die Verpackung:
Geschenktüte, Zellophantüte, 1 DIN-A4-Bogen weißes Papier, Klebestift, Schleifenband, Etikett von Seite 84

*

Den Backofen auf 100 °C (Ober-/Unterhitze) vorheizen. Die Rote Bete schälen (am besten Einmal-Handschuhe verwenden) und in dünne Scheiben schneiden.

Das Meersalz in ein Schälchen geben und mit etwas Vanille aus der Mühle oder dem Mark aus ½ Vanilleschote mischen.

Die Rote-Bete-Scheiben auf den mit Backpapier ausgelegten Backblechen verteilen, hauchdünn mit Sonnenblumenöl bestreichen und in den Backofen schieben. Die Backofentüre nicht ganz schließen und durch einen eingeklemmten Holzlöffel fixieren.

Die Rote-Bete-Scheiben ca. 3 Stunden im Ofen trocknen, bis sie knusprig sind, falls nötig die Trockenzeit verlängern. Zwischendurch die Chips mit dem Vanille-Meersalz bestreuen und eventuell am Schluss nachwürzen.

Verpackungsanleitung:
Das Etikett von Seite 84 kopieren, zuschneiden und auf die Papiertüte kleben. Die Rote-Bete-Chips in einer Zellophantüte luftdicht verpacken und in die Geschenktüte stellen. Die Geschenktüte verschließen und mit einem Geschenkband dekorieren.

Priorité

Chili-Parmesan-Plätzchen

*

70 g Mehl * 45 g kalte Butter, in Würfel geschnitten
70 g Parmesankäse, gerieben * 1 Prise Salz
1 EL Chiliflocken * 2 EL Eiswasser

Für 20 Stück / 4 Wochen haltbar

Für die Verpackung:
Eine kleine unbedruckte Schachtel (erhältlich im Bastelladen), Pergamentpapier, schwarzes Tonpapier, Buchstabenstempel, weiße Stempelfarbe, Masking Tape, doppelseitiges Klebeband

*

Den Backofen auf 180 °C (Ober-/Unterhitze) vorheizen. Das Mehl, die Butter, den Parmesan, das Salz und die Chiliflocken mit dem Eiswasser zu einem glatten Teig kneten.

Den Teig 15 Minuten in den Kühlschrank stellen. Anschließend auf einer bemehlten Arbeitsfläche ca. ½ Zentimeter dick ausrollen.

Mit einem kleinen Trinkglas 20 Plätzchen ausstechen. Die Plätzchen mit etwas Abstand auf ein mit Backpapier ausgelegtes Backblech setzen und 8 Minuten goldbraun backen.

Verpackungsanleitung:
Das Pergamentpapier in die Schachtel drapieren, schwarzes Tonpapier in ein ca. 8 × 12 cm großes Etikett schneiden. Mit dem Stempel verzieren. Das Etikett mit doppelseitigem Klebeband auf den Deckel kleben und mit Masking Tape verzieren. Sollen die Kekse verschickt werden, kann man den Deckel auch an allen vier Seiten mit Masking Tape festkleben.

Zimtapfel

Zimt-Apfelscheiben

*

1,5 l Wasser * 6 EL Saft einer frischen Zitrone * 6 säuerliche Äpfel
3 EL Zucker * 1 EL Zimt * etwas Sonnenblumenöl

Für 250 Gramm / 4 Wochen haltbar

Für die Verpackung:
bedruckbares weißes Transparentpapier, Zellophantüten, Geschenktüte, Paketschnur, Garnrolle rot-weiß, Christbaumanhänger

*

Den Backofen auf 120 °C (Ober-/Unterhitze) vorheizen.

Eine Schüssel mit 1,5 l Wasser und 6 EL Zitronensaft vorbereiten. Die Äpfel schälen, in dünne Scheiben schneiden und sofort in das Zitronenwasser legen.

Zucker und Zimt in einem Schälchen mischen.

Die Apfelscheiben aus dem Wasser nehmen und auf einem sauberen Küchentuch abtropfen lassen. Anschließend die Apfelscheiben auf mit Backpapier ausgelegten Backblechen verteilen und in den Backofen schieben. Die Backofentüre nicht ganz schließen und durch einen eingeklemmten Holzlöffel fixieren. Nach ca. 1 Stunde die Apfelscheiben hauchdünn mit Sonnenblumenöl bestreichen und weiter trocknen.

Die Apfelscheiben ca. 3 Stunden im Ofen trocknen, bis sie knusprig sind. Falls nötig, die Trockenzeit verlängern und anschließend die Apfelscheiben in Zimt und Zucker wenden. Die Apfelscheiben in einem luftdichten Gefäß aufbewahren, damit sie schön knusprig bleiben.

Verpackungsanleitung:
Weißes Transparentpapier beschriften und ein Etikett ausschneiden, das an der Geschenktüte befestigt wird. Die Apfelscheiben auf einer Paketschnur und einem Garn auffädeln und zu einem Kreis schließen. Je nach Geschmack kann der Apfelkreis durch einen Christbaumanhänger ergänzt werden. Die aufgefädelten Apfelringe in eine Zellophantüte geben, luftdicht verschließen und in die Geschenktüte stellen.

Scharfe Nüsschen

*

2 kleine getrocknete Piri-Piri-Schoten
1 TL grobes Meesalz * 2 EL Butter * 30 g brauner Zucker
2 EL milder Honig * 100 g Cashewkerne * 100 g Mandeln, blanchiert
60 g grüne Pistazienkerne

Für 260 g / 4 Wochen haltbar

Für die Verpackung:
Notenblätter oder eine Kopie eines Weihnachtslieds, große und kleine Stern-Aufkleber, evtl. Zellophanfolie

*

Die getrockneten Piri-Piri-Schoten zwischen den Fingern fein zerreiben und mit dem Meersalz in einem Schälchen vermischen.

2 EL Butter in einer beschichteten Pfanne schmelzen lassen und 30 g braunen Zucker so lange unterrühren, bis er fast geschmolzen ist. Anschließend die Pfanne vom Herd nehmen und das Piri-Piri-Salz und den Honig einrühren.

Jetzt die Nüsse in die Masse geben, bis alles mit der Glasur überzogen ist. Zügig die glasierten Nüsschen auf ein Backblech mit Backpapier verteilen und bei ca. 180 °C (Ober-/ Unterhitze) ca. 10 Minuten goldbraun rösten.

Nun die Nüsse abkühlen lassen und in ein luftdichtes Gefäß verpacken, da sie sonst weich werden. Wer die Nüsse lieber salzig mag, kann sie noch leicht mit grobem Meersalz bestreuen, bevor die Glasur vollständig fest wird.

Verpackungsanleitung:
Notenblätter zu Spitztüten formen und mit kleinen Stern-Aufklebern zusammenkleben. Falls die Nüsse nicht gleich zum Verzehr verschenkt werden, sollten sie erst in Zellophanfolie gewickelt werden, bevor sie in die Spitztüten gefüllt werden. Am Schluss die Tüten mit großen Stern-Aufklebern verschließen.

Zum Kopieren

Limetten ÖL

Kumquat Chutney

MANGO
Ketchup

Orangen
Cranberrys

ROTE
BETE
CHIPS

SCH
OKO
LA
DE

★ Süßes Glück ★

★ Süßes Glück ★

Bratapfel

Bratapfel

BratAPfel

LAVEDELBLÜTENHONIG

Register

Bildnachweis

S. 5 thinkstock (ingrampublishing)
S. 86 thinkstock (ingrampublishing)
Alle weiteren Fotos: FUCHS DESIGN
Foodstyling: Susanne Heindl

Autoren

Susanne Heindl, geboren 1970, studierte Ökotrophologie in Freising-Weihenstephan. 1999 gründete sie mit zwei Studienkolleginnen die Ernährungsberatung „esslust" mit dem Motto „gutes Essen – gutes Leben" (www.esslust.com). Susanne Heindl lebt mit ihrem Mann und ihren beiden Kindern in einem Vorort von München.

Sabine Fuchs, geboren 1965, studierte Grafik-Design in Nürnberg. Nach Stationen in Werbeagenturen in Seattle, Hamburg und München machte sie sich 1995 als Art-Directorin selbstständig. 2002 wurde FUCHS DESIGN gegründet; der Schwerpunkt des Designbüros ist Buchgestaltung und Corporate Design (www.fuchs-design.biz). Sabine Fuchs lebt mit ihrem Mann und ihren beiden Töchtern in Ottobrunn bei München.

Von Susanne Heindl und Sabine Fuchs sind im Thorbecke Verlag bereits erschienen: *Möhrenpesto und Maronicreme* und *Paprikapesto & Pfirsichchutney.*